Mi Cola Cautivadora

por Russell Hoffman

visítenos en linea www.flyingrhino.com

Copyright © 2001 Flying Rhinoceros, Inc.

Dirección electrónica: bigfan@flyingrhino.com

Número de Control de la Biblioteca del Congreso: 2002100001
ISBN: 1-59168-012-3
Serie Wild Imagination ISBN: 1-883772-36-2

Dirección de correo: P.O. Box 3989
Portland, Oregon
97208-3989

Impreso en Mexico

30170000288105

tigre

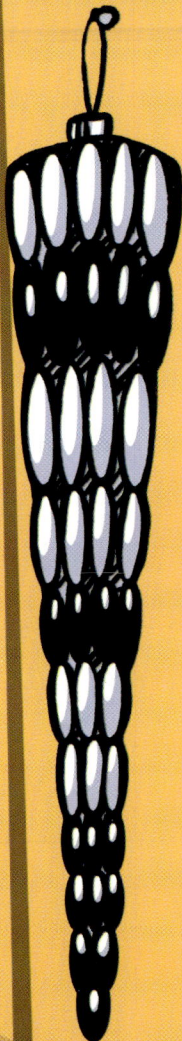
armadillo

caballo

mono

conejo

elefante

dinosaurio

2

apache

¡Ojalá yo tuviera una

cola cautivadora!

Para saber lo que sienten

cuando juegan y se divierten

los seres que realmente tienen cola.

Con la cola enroscada de un **mono**,

de rama en rama me columpiaría.

Los demás monos me harían un trono,

y el rey de la selva me coronarían.

Algunos monos usan la cola para colgarse y columpiarse en las ramas. También pueden agarrar fruta y otros objetos con la cola.

He notado que mi cola de **elefante** casi no se ve porque es cortita.

Y, digo yo, ¿por qué un animal gigante tiene una cola tan chiquita?

Un elefante pequeño se agarra a la cola de su mamá con la trompa. Ésto ayuda al elefantito a seguir a su mamá.

La cola del **tigre**, con sus rayas de color,

sentiría un tremendo dolor

si me distraigo y no estoy alerta,

y la aplasto al cerrar la puerta.

Las colas de los tigres muestran su humor. Un tigre tranquilo la tiene relajada y un tigre agitado la mueve mucho.

Si el invierno muy frío y nevado

me deja en mi casa encerrado,

con mi cola esponjosa de **ardilla**

me cubriré la cabeza y las rodillas.

Las ardillas se envían señales unas a otras con la cola. Se sientan en las ramas y mueven la cola de un lado a otro.

Si tuviera la cola de un **caballo**
correría y trotaría sin parar,

galoparía más veloz que un rayo,
y nunca dejaría de cabalgar.

Mi cola de **dinosaurio** arrastraría

al salir por las calles caminando.

Con mis escamas y púas espantaría,

y dejaría a la ciudad temblando.

La cola grande de algunos dinosaurios les ayudaba a
mantener el equilibrio para no caerse.

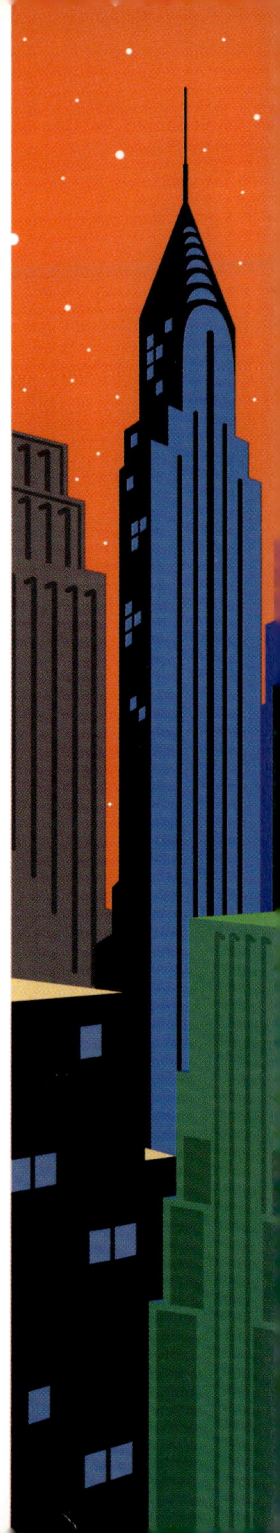

14

Cuando uso mi cola de **armadillo,**

me enfrento al peligro bien armado.

Todos piensan que soy un diablillo

porque tengo el trasero acorazado.

Todas las especies de armadillo, menos una, tienen
armadura de piel gruesa y endurecida en la cola.

Salto cerca o brinco lejos,

retozo por donde quiero.

Lo mejor es la cola del **conejo**,

cuando eres un poco aventurero.

Algunos conejos tienen la cola blanca. La usan para avisarse unos a otros del peligro.

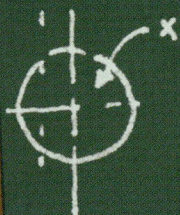

La cola del **mapache**, con sus aros,

es un misterio extraordinario.

¿Es oscura con anillos claros

o es, quizás, todo lo contrario?

La cola del mapache, al nacer, no tiene anillos de otro color.
Un mapache adulto tiene de cinco a siete anillos en la cola.

Hay **colas cautivadoras**

en cada animal.

¿Por qué no pruebas

una cuando sales a jugar?

acerca del autor

Russell Hoffman tenía una cola de tigre, pero en un momento de locura la cambió por una caja de revistas cómicas y media botella de Yoo-Hoo, en el tercer grado.

Desde entonces, se imagina que tiene una cola. Este libro es la historia de su vida. No, realmente, no lo es. Son solamente sus palabras e ilustraciones. El resto, se lo ha inventado.

Russell también finge vivir en Portland, Oregon.

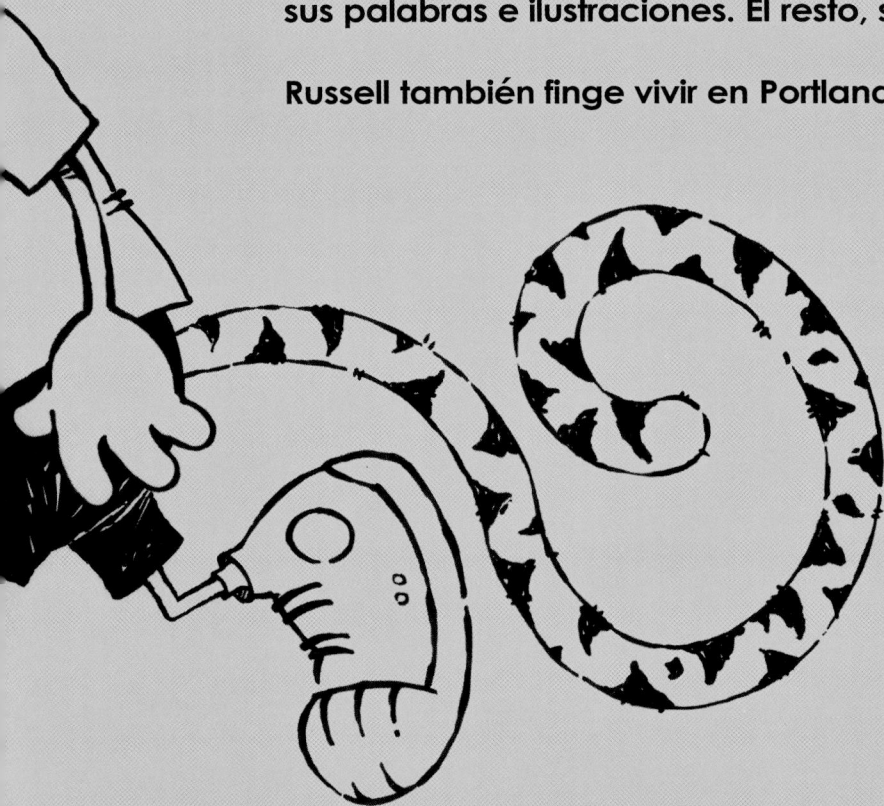